ELI-Lektüren: Texte für Leser
jeden Alters. Von spannenden und
aktuellen Geschichten bis hin zur
zeitlosen Größe der Klassiker.
Eine anspruchsvolle redaktionelle
Bearbeitung, ein klares didaktisches
Konzept und ansprechende
Illustrationen begleiten den Leser
durch die Geschichten, und Deutsch
lernt man wie von selbst!

GUDRUN GOTZMANN

DIEBSTAHL IM MUSEUM

ILLUSTRATIONEN VON RODOLFO BROCCHINI

Junge ELi Lektüren

Gudrun Gotzmann
Diebstahl im Museum

Redaktion: Iris Faigle
Illustrationen von Rodolfo Brocchini

ELI-Lektüren
Konzeption:
Paola Accattoli, Grazia Ancillani, Daniele Garbuglia (Art Director)

Grafische Gestaltung
Sergio Elisei

Produktionsleitung
Francesco Capitano

Layout
Davide Elisei

Fotos
Shutterstock

© 2020 ELI s.r.l
B.P. 6 - 62019 Recanati - Italien
Tel. +39 071 750701
Fax +39 071 977851
kontakt@eliverlag.de
www.eliverlag.de

Verwendeter Schriftsatz: Monotype Dante 13/18

Druck in Italien: Tecnostampa – Pigini Group Printing Division – Loreto, Trevi (Italia)
ERT 134.01
ISBN 978-88-536-2879-4

www.eligradedreaders.com

Inhalt

HAUPTFIGUREN

JUTTA

FABIAN

MARK

TINA

DER BLONDE DIEB

DER ROTHAARIGE DIEB

DER ALTE MANN

1 **Was ist das? Schreibe den richtigen Buchstaben vor die Wörter.**

1 ☐ der Dieb, - e
2 ☐ die Statue, -n
3 ☐ die Spur, -en
4 ☐ die Überwachungskamera, -s
5 ☐ der Bulli
6 ☐ das Ägyptische Museum
7 ☐ die Eisdiele, n
8 ☐ der Busch, "e

2 Finde für jedes Wort das richtige Satzende.

Für Pizza

1 Die Detektive
2 In den Ferien
3 Jugendliche
4 In einem Museum
5 Viele feiern

a gehen gern auf Konzerte.
b gibt es Bilder und Statuen.
c geht man nicht in die Schule.
d ihren Geburtstag im Restaurant.
e suchen Diebe.
f braucht man Tomaten und Mozzarella.

3 Welches Wort passt nicht in die Reihe? Markiere es.

Schule	Fächer	Klassenarbeiten	Freizeit	lernen
Sommer	Ferien	kalt	Eis essen	schwimmen gehen
Museum	Besucher	sehen	Bilder	laut
Konzert	geöffnet	Musik	Instrumente	hören
Dieb	schlafen	nachts	nehmen	Polizei

4 Bilde Sätze mit den Wörtern.

Schule   treffen   Freunde   sich   Die   der   in.
Die Freunde treffen sich in der Schule.

1 ausgehen   Jutta   wollen   und   abends   Tina.
....

2 dem   Museum   Vor   Bulli   ein   steht.
....

3 ist   Der   Wannsee   See   ein   Berlin   in.
....

4 Die   fahren   Freunde   vier   Rad   gern.
....

5 lädt   Der   ein   Museumsdirektor   Gäste.
....

Kapitel 1

DAS KONZERT

▶ 2 Jutta liegt auf ihrem Bett und telefoniert mit Tina, ihrer besten Freundin.

„Ich möchte gerne zum Konzert gehen, aber meine Eltern erlauben es nicht", erklärt Jutta.

„Fast alle aus unserer Klasse kommen. Es spielt die Band *Die Krachmacher*. Sie sind richtig cool", sagt Tina. „Ich weiß, aber meine Eltern sind sehr streng. Sie sagen, ich bin erst 15 Jahre alt. Ich darf abends nicht ausgehen", sagt Jutta.

„Ich habe eine Idee", meint Tina. „Du sagst, du übernachtest bei mir und wir gehen dann zusammen zum Konzert."

„Nein, das kann ich nicht machen. Ich kann nicht lügen[1]!", ruft Jutta. „Du lügst nicht - nach dem Konzert gehen wir zu mir nach Hause und du schläfst bei mir", sagt Tina. „Gut, ich werde mit meinen Eltern sprechen", antwortet Jutta.

[1] **lügen** etwas Falsches sagen

Jutta möchte ihre Eltern nicht anlügen... aber nur sie darf nicht zum Konzert gehen. Das ist nicht gerecht[1]! Sie geht ins Wohnzimmer.

Dort sitzen die Eltern auf dem Sofa und sehen fern. „Mama und Papa ...", beginnt Jutta. „Ja, was ist denn?", fragt ihre Mutter.

„Darf ich morgen bei Tina übernachten?" „Ja, warum nicht?", meint ihr Vater. „Prima!", ruft Jutta und schreibt ihrer Freundin sofort eine Nachricht mit dem Handy:

Ich darf morgen bei dir schlafen. Dein Plan funktioniert!
Bis morgen! Gute Nacht,
Jutta

Am nächsten Morgen wacht Jutta erst um 10 Uhr auf. Es ist Samstag und sie muss nicht zur Schule gehen. Sie kann ausschlafen. Jutta macht ihr Handy an und liest eine Nachricht von Tina:

[1]**gerecht** richtig

> Um 17 Uhr Treffen bei mir. Wir backen zusammen Pizza, okay? Mark und Fabian kommen auch. Meine Eltern sind nicht da!

Jutta frühstückt, zieht sich an und geht dann in den Supermarkt. Sie muss Milch, Butter, Joghurt und Saft kaufen.

Für die Pizza kauft sie Mehl[1], Tomaten, Käse und Oliven.

Um kurz vor fünf ist sie bei Tina.

„Dein Outfit ist toll!", ruft Tina. „Jetzt backen wir erst einmal die Pizza. Ich habe großen Hunger", meint sie. Tina und Jutta gehen in die Küche. Dann kommen auch Fabian und Mark. Alle helfen und sie haben viel Spaß[2].

„Die Pizza ist sehr lecker!", ruft Fabian. „Das Rezept ist von Juttas Oma. Sie ist Italienerin", erklärt Tina. „Ich verstehe", sagt Fabian und schaut Jutta interessiert an. Jutta wird rot. Schnell sagt sie: „Müssen wir nicht losgehen? Das Konzert beginnt um neun Uhr."

---

[1] **s Mehl (nur Singular)** man braucht es für Brot und Pizza

[2] **r Spaß (hier: nur Singular)** Freude

KAPITEL 1

Die vier Freunde waschen ab und räumen die Küche auf. Dann gehen sie los.

Sie nehmen die U-Bahn und gehen dann zu Fuß weiter. Sie kommen am Ägyptischen Museum vorbei. „Hier arbeitet mein Vater", sagt Jutta. „Wirklich?", fragt Mark.

„Wir dürfen ihn nicht treffen. Er denkt, du bist bei mir", sagt Tina leise zu Jutta. „Kein Problem, er arbeitet nur bis sechs Uhr, manchmal auch ein bisschen länger. Jetzt ist er aber schon zu Hause", erklärt Jutta.

Vor dem Museum steht ein Bulli. Er ist blau und sehr alt. Im Bulli sitzen zwei Männer. Jutta hört einen Mann sagen: „ Es ist zu früh. Die Leute können uns sehen, denn es ist noch hell." „Stimmt[1]", sagt der andere Mann. „Wir warten, bis es dunkel ist", sagt der erste Mann. Dann fragt er: „Wann treffen wir uns morgen mit ihm am Wannsee?" „Um 16 Uhr. Am Restaurant."

Jutta versteht nicht, was sie sagen und geht weiter. Mark ruft: „Ich höre schon Musik! Schnell, das Konzert beginnt!"

[1] **Stimmt!** Richtig!

Sie kommen im Park an. Die Band spielt draußen, unter freiem Himmel. Es gibt dort viele Jugendliche und sie treffen einige Klassenkameraden[1]. „Die Musik ist super", meint Tina und tanzt. Jutta lacht und tanzt auch.

Kurz nach Mitternacht ist das Konzert zu Ende. „Wir bringen euch nach Hause", sagt Mark zu Jutta und Tina.

Die vier Freunde kommen wieder am Museum vorbei. Der blaue Bulli ist nicht mehr da, aber direkt vor dem Museum steht jetzt ein schwarzes Auto.

Zwei Männer steigen[2] aus dem Auto. Sie sprechen miteinander: „Das kann nicht sein, es muss Spuren geben." „Wir müssen alles kontrollieren."

Dann gehen sie ins Museum.

‚Das ist komisch[3]. So spät abends gehen sie ins Museum ...', denkt Jutta.

Tina, Mark und Fabian gehen weiter. Sie sprechen über das Konzert. Jutta läuft ihnen nach.

---

[1] **r Klassenkamerad, en** Mitschüler
[2] **steigen** aus dem Auto, Bus etc. kommen

[3] **komisch** nicht normal

„Wartet auf mich!", ruft sie. Ihre Freunde sind schon auf der Treppe der U-Bahn-Haltestelle. Sie fahren einige Stationen und gehen dann zusammen zu Tinas Haus.

Zum Abschied sagt Fabian: „Gute Nacht!" und lächelt Jutta an. Sie ist froh[1]! Vielleicht mag er sie.

Mark ruft: „Gute Nacht! Wir können mal zusammen schwimmen gehen." „Das ist eine gute Idee! Bald sind Sommerferien und wir haben viel Zeit!", meint Tina.

Tina macht die Haustür auf und sie gehen hinein. „Mark und Fabian sind wirklich nett", sagt Jutta. „Ja, das finde ich auch. Besonders Fabian, richtig?", lacht Tina. „Ich glaube, er mag dich. Magst du ihn auch?", fragt sie. „Ja, ein bisschen", antwortet Jutta und denkt: ‚Ich mag ihn sehr.'

Die beiden Freundinnen sind sehr müde. „Schlaf gut", meint Tina und Jutta antwortet: „Du auch." Dann machen beide die Augen zu und schlafen ein. ◼

---

[1] **froh sein** sich freuen

Grammatik

1 **Bilde mit den Verben Fragen (in der du-Form). Schreibe eine Frage *mit* dem passenden Fragewort und eine Frage *ohne* Fragewort (Ja-/Nein-Frage). (Es gibt mehrere Möglichkeiten.)**

> Wie oft...? • Wo...? • Wann...? • Wie...? • Was...?

essen	**A**	*Wie oft isst du Pizza?*
	B	*Isst du gern Pizza?*
1 telefonieren	**A**	....
	B	....
2 Musik hören	**A**	....
	B	....
3 ausgehen	**A**	....
	B	....
4 schwimmen gehen	**A**	....
	B	....
5 sich anziehen	**A**	....
	B	....
6 in die Schule gehen	**A**	....
	B	....
7 einkaufen	**A**	....
	B	....
8 aufräumen	**A**	....
	B	....

GOETHE-ZERTIFIKAT A1: Lesen

2 **Lies die Anzeige und beantworte dann die Fragen. Markiere die richtige Antwort mit einem Kreuz. (Es gibt nur eine richtige Antwort.)**

Hallo Gourmets!

Esst ihr gern? Wollt ihr kochen lernen? Mögt ihr die italienische Küche?
Pizza, Spaghetti, Tiramisu & Co? Seid ihr zwischen 13 und 18 Jahre alt?
Wir treffen uns in der Schulzeit jeden Mittwoch von 16 Uhr bis 18 Uhr
in der Küche der Annette-Schule. Der Kochkurs ist gratis!
Ruft mich (Julia) vorher an: 179-4508703 (Handy) oder 044-784329

Montag-Freitag ab 17 Uhr

1 Die Anzeige ist für
   a Kinder bis 13.
   b Schüler der Annette-Schule.
   c Jugendliche zwischen 13 und 18.

2 Man kann
   a italienische Spezialitäten kaufen.
   b kochen und essen.
   c in der Annette-Schule spielen.

3 Der Ort ist
   a eine Küche.
   b eine Sporthalle in einer Schule.
   c ein Restaurant.

4 Sie treffen sich
   a in den Ferien.
   b in der Schulzeit.
   c immer Mittwochs, aber nicht in den Ferien.

5 Man muss Julia
   a samstags ab 17 Uhr anrufen.
   b auf dem Handy anrufen.
   c von Montag bis Freitag ab fünf Uhr nachmittags
      anrufen.

6 Der Kurs
   a kostet nichts.
   b kostet viel.
   c kostet nur wenig.

AM WANNSEE

▶ 3   Am nächsten Morgen wachen Tina und Jutta spät auf. Es ist ja Sonntag!

> Guten Morgen, Mama! Ich bin noch bei Tina. Zum Mittagessen bin ich wieder zu Hause. Bis später,
> Jutta

Die Freundinnen sprechen noch ein wenig über den gestrigen[1] Abend, dann verabschieden[2] sich Jutta und Tina.

„Wir telefonieren später, okay?", meint Tina. „Ja, gut. Tschüss!", sagt Jutta.

Zu Hause sind Tinas Mutter und Vater im Wohnzimmer und sprechen laut. Sie sind sehr aufgeregt[3]. ,Wissen sie vom Konzert?', fragt Jutta sich.

„*Der grüne Kopf* ist weg. Er ist eine sehr wertvolle Statue. Es gibt keine Spur von den Dieben", erklärt

---

[1] **gestrig** von gestern
[2] **sich verabschieden** „Tschüss"/„Auf Wiedersehen" sagen

[3] **aufgeregt sein** sehr unruhig sein

ihr Vater. Dann wiederholt er: „Ein Diebstahl[1] im Ägyptischen Museum ...“

Jutta denkt nach: ‚Gestern Abend habe ich die Männer mit dem blauen Bulli vor dem Museum gesehen ...Vielleicht waren das die Diebe? Dann, nach dem Konzert, hat dort ein schwarzes Auto gestanden. Das waren Polizisten ... von der Kripo[2]!‘ Jetzt versteht Jutta alles.

Aber sie kann den Eltern nichts sagen, denn sie darf nichts vom Konzert erzählen[3].

Was soll sie machen?

Jutta ruft sofort Tina an und erklärt ihr die Situation. Dann hat sie einen Plan.

Jutta will mit Tina zum Wannsee gehen. Um 16 Uhr haben die Männer dort einen Termin. Das haben sie gestern Abend gesagt. Tina informiert auch Fabian und Mark.

Um halb vier treffen sich die vier Freunde vor dem Restaurant *Am Wannsee*. „Tina und ich setzen uns draußen an einen Tisch“, meint Jutta.

---

[1] **r Diebstahl, "e** jemand nimmt etwas weg: das ist Diebstahl

[2] **e Kripo** (nur Singular) kurz für: Kriminalpolizei (Diese Polizisten tragen normalerweise keine Uniform und haben kein Polizeiauto.)

[3] **erzählen** sagen, berichten

„Gut. Mark und ich verstecken[1] uns hinter einem Busch[2] beim Parkplatz", sagt Fabian.

Die Mädchen sitzen an einem Tisch des Restaurants. Eine Kellnerin kommt: „Hallo, möchtet ihr bestellen?" „Ja, für mich ein kleines gemischtes[2] Eis mit Sahne bitte. Und ein stilles Wasser", sagt Jutta. Tina sagt: „Ich hätte gern eine Cola und ein Stück Apfelkuchen." „Kommt sofort", meint die Kellnerin und geht zurück ins Restaurant.

Dann sieht Jutta ein blaues Auto. Es fährt zum Restaurant. „Das ist der Bulli der Diebe!", ruft sie aufgeregt.

Im gleichen Moment kommt die Kellnerin zurück. „Können wir sofort zahlen?", fragt Jutta.

„Ja, natürlich. Zusammen oder getrennt?" „Zusammen. Ich lade dich ein, Tina." Jutta will schnell bezahlen, denn sie will hören, was die Männer sagen.

„Das macht 10,80 Euro", sagt die Kellnerin. „Stimmt so", meint Jutta und gibt ihr 12 Euro. „Danke", sagt die Kellnerin und geht weg.

[1] **sich verstecken** andere können eine Person nicht sehen, denn sie versteckt sich

[2] **gemischt** hier: verschiedene Eissorten

Der Bulli parkt und zwei Männer steigen aus. „Das sind die Männer von gestern!", sagt Jutta leise zu Tina. Beide sind groß. Ein Mann hat rote Haare, der andere ist blond.

Dann kommt ein anderer Mann aus dem Restaurant und geht zum Bulli. Er ist klein und weißhaarig.

„Wo ist er?", fragt er die beiden jungen Männer. „Hier", antwortet der Rothaarige und macht die Autotür auf.

Der Blonde geht in den Bulli.

Tina und Jutta können nun nichts mehr sehen und auch nichts hören. Aber Mark und Fabian haben eine gute Sicht. Sie sehen den blonden Mann mit einer kleinen grünen Statue in der Hand. Es ist ein Kopf.

Sie machen ein Video von den Männern und der Statue. Der alte Mann sagt: „Wir müssen warten. Im Moment gibt es zu viele Polizisten im Museum."

Danach macht der Rothaarige die Bullitür zu und die jungen Männer fahren weg. Der weißhaarige Mann geht wieder zurück ins Restaurant.

Nach ein paar Minuten stehen die Mädchen auf und auch Mark und Fabian kommen aus ihrem Versteck.

Fabian fragt Jutta und Tina: „Wollt ihr das Video sehen?" „Welches Video?", fragt Jutta. „Hier, dieses Video!", ruft er und spielt es ab.

Tina und Jutta schauen es an[1]. Jetzt ist alles klar! Die beiden jungen Männer sind die Diebe und im Bulli ist der *Grüne Kopf* aus dem Ägyptischen Museum! Aber wer ist der alte Mann?

„Jutta, du musst mit deinem Vater sprechen und ihm alles erzählen", meint Tina.

„Warum soll Jutta mit ihrem Vater sprechen?", will Fabian wissen. „Er arbeitet im Ägyptischen Museum", erklärt Tina.

„Und warum willst du nicht mit ihm über die Diebe sprechen?", fragt Mark Jutta. „Ich darf abends nicht bis spät ausgehen. Ich darf auch nicht auf Konzerte gehen ...", meint Jutta.

[1] anschauen (schaut an, hat angeschaut) ansehen

„Ich verstehe. Du kannst ihm also nichts von gestern Abend erzählen. Nichts vom Konzert und nichts von den Dieben", sagt Fabian. Jutta nickt[1].

„Also müssen wir den Fall[2] alleine lösen", meint Tina. „Das wird aufregend", freut sich Mark.

Jutta denkt nach: „Der alte Mann sagt: ‚Wir müssen warten'- was bedeutet das?" Tina glaubt: „Vielleicht wollen sie noch ein Kunstwerk[3] stehlen! Ein Kunstwerk aus dem Ägyptischen Museum."

„Nein! Das dürfen sie nicht!", ruft Jutta. „Wir müssen sie beobachten[4]", meint Mark.

„Sie sagen, sie wollen warten. Das bedeutet, wir haben Zeit. Wir können also jetzt schwimmen gehen!", meint Fabian. „Gute Idee!", ruft Mark. Die beiden ziehen sich die Kleidung aus. Sie tragen schon eine Badehose. Dann laufen sie in den Wannsee. Jutta und Tina ziehen sich Bikinis an und gehen ins Wasser. Es ist kalt! Sie schwimmen schnell.

Zusammen haben die vier Freunde viel Spaß[5]. An die Diebe denken sie an diesem Nachmittag nicht mehr.

---

[1] **nicken** mit dem Kopf „ja" sagen
[2] **r Fall, "e** das Problem, die Situation, hier: der Diebstahl
[3] **s Kunstwerk, e** ein wertvolles Bild oder eine wertvolle Statue etc.
[4] **beobachten** schauen, was eine Person macht
[5] **r Spaß** (hier nur Singular) Freude

Sprechen

1 Arbeitet zu zweit. Lest die Speisekarte und spielt dann Szenen im Café: Eine(r) ist der Kellner/die Kellnerin und der/die andere ist der Gast. Wechselt dann die Rollen. Benutzt die Redemittel unten.

Restaurant/Café Am Wannsee

SPEISEKARTE

	EIN STÜCK:
KUCHEN	
Apfelkuchen	€ 2,60
Pflaumenkuchen	€ 2,80
Zitronenkuchen	€ 2,50
EIS	
Fruchtbecher	€ 3,50
Schokobecher	€ 3,20
Nussbecher	€ 3,70
kleines gemischtes Eis	€ 3,00
Sahne	€ 0,50
GETRÄNKE	
Wasser (still/mit Kohlensäure)	€ 2,50
Cola/Sprite/Fanta	€ 2,20
Orangensaft/Apfelsaft	€ 2,40
Kaffee/Tee (eine Tasse)	€ 2,60
Capuccino/Milchkaffee	€ 2,80

IM CAFÉ BESTELLEN

Kellner/-in

Hallo, was möchtest du?/
Was darf es sein?

…

Kommt sofort!

…

Bitte, hier ist … . Möchtest
du sonst noch etwas?

…

Zusammen oder getrennt? …
Das macht … Euro.

…

Danke, tschüss!

Gast

Hallo, was möchtest du?/
Was darf es sein?

…

Kommt sofort!

…

Bitte, hier ist … . Möchtest
du sonst noch etwas?

…

Zusammen oder getrennt? …
Das macht … Euro.

…

Danke, tschüss!

Vor dem Lesen

2 Finde die richtigen Verben und notiere sie.

freuen • fahren • schreiben • ~~planen~~ • haben
essen • organisieren

einen Diebstahl .... *planen* ....
a eine Geburtstagsfeier ....
b im Restaurant ....
c eine Klassenarbeit ....
d sich auf die Ferien ....
e mit der U-Bahn ....
f eine gute Idee ....

DIE DETEKTIVE IN AKTION

▶ 4 Jutta sitzt mit ihren Eltern in der Küche.

Der Vater sagt: „Der Museumsdirektor organisiert ein Fest. Am nächsten Samstag feiert er seinen 60. Geburtstag und er lädt alle Mitarbeiter des Museums und ihre Familien ins Restaurant ein."

„Wie schön!", freut sich die Mutter. Jutta denkt nach. Dann fragt sie: „Papa, wer bleibt an diesem Abend im Museum?"

„Es gibt Nachtwachen. Sie kontrollieren das Museum abends und in der Nacht".

„Der Direktor lädt also die Wachen *nicht* zu seiner Geburtstagsfeier ein?", will Jutta wissen.

„Doch, er lädt auch sie ein. Am Samstagabend kommen andere Wachen. Sie arbeiten normalerweise in einem anderen Museum", erklärt der Vater.

‚Der Museumsdirektor organisiert ein Fest kurz nach dem Diebstahl ... das ist komisch', denkt Jutta. Sie schreibt sofort an ihre Freunde:

> Der Museumsdirektor lädt am Samstagabend alle Mitarbeiter zu seiner Geburtstagsfeier ein. Ist das nicht komisch?

Kurz darauf fragt Tina:

> Denkt ihr, die Diebe planen am Samstagabend einen weiteren Diebstahl?

Mark schreibt:

> Besonders am Samstag müssen wir die Augen offen halten!

Am nächsten Tag treffen sich Jutta, Tina, Mark und Fabian im Park. Was machen wir?", fragt Jutta. „Ist doch klar: Wir müssen zum Ägyptischen Museum gehen und die Personen am Eingang beobachten", meint Mark.

„Wir können doch nicht den ganzen Tag am Ägyptischen Museum warten", sagt Tina. „Nein, das stimmt. Wir müssen aber abends und nachts dort sein. Dann ist es dunkel und die Diebe können das Kunstwerk stehlen[1]", meint Fabian.

„Wir können auch nicht die ganze Nacht am Museum warten", sagt Tina. Fabian hat eine Idee: „Zu Hause haben wir eine alte Überwachungskamera[2]. Wir brauchen sie nicht mehr, denn wir haben jetzt eine neue. Wir können sie installieren und dann sehen wir alles, auch nachts."

„Aber am Museum gibt es Überwachungskameras", meint Jutta. „Sie funktionieren aber nicht richtig!", ruft Fabian.

Das stimmt! Der *grüne Kopf* ist weg, aber auf den Videos der Überwachungskameras kann man die Diebe nicht sehen.

„Die Kamera können wir heute Abend gegenüber[3] vom Museum an einem Baum installieren. Es gibt dort viele Bäume", weiß Jutta. „Das machen wir!", rufen die anderen.

[1] **stehlen (er/sie/es stiehlt)** wegnehmen
[2] **e Überwachungskamera, -s** mit der Kamera kann man Personen beobachten
[3] **gegenüber** auf der anderen Seite

Um halb zehn abends treffen sich Mark, Fabian und Tina vor dem Museum. Jutta ist nicht da. Sie muss - wie immer - zu Hause bleiben.

Es ist schon ein bisschen[1] dunkel und es sind nur wenige Leute auf der Straße.

Jetzt ist niemand zu sehen. „Los, Fabian!", sagt Mark leise. Fabian steigt auf den Baum. Mark gibt Fabian die Kamera und dieser installiert sie. „Gut gemacht!", meint Tina.

„Heute Nacht kontrolliere ich die Situation", sagt Fabian. „Die ganze Nacht? Schläfst du gar nicht?", fragt Tina. „Nein, ich mache meine Arbeit als Detektiv!", meint Fabian und lächelt[2].

Tina, Mark und Fabian fahren mit der U-Bahn nach Hause.

Fabian lädt[3] eine App[4] auf sein Handy herunter. Jetzt kann er die Straße vor dem Museum von seinem Handy aus sehen. Er schaut auf sein Telefon. Ein Mann geht mit einem Hund spazieren.

---

[1] **ein bisschen** etwas
[2] **lächeln** leicht lachen

[3] **herunterladen (lädt herunter, hat heruntergeladen)** installieren, downloaden
[4] **e App,-s** Applikation

Eine halbe Stunde später ist Fabian zu Hause. ‚Ich darf nicht einschlafen´, denkt er und schaut wieder auf sein Handy. Um fünf Uhr schläft er aber schließlich doch ein.

Er wacht um sieben Uhr auf, denn sein Wecker klingelt. Nach nur zwei Stunden Schlaf muss er aufstehen und zur Schule gehen! Er frühstückt und kontrolliert danach schnell das Video der Überwachungskamera, aber er kann keine Diebe sehen.

Er nimmt seine Schultasche und läuft zur Haltestelle. Da kommt gerade der Bus.

In der Pause trifft er Mark, Tina und Jutta. „Und?", fragen sie interessiert. „Nein, es waren gestern Nacht keine Diebe im Museum", erklärt Fabian.

„Und wer bleibt heute Nacht wach und kontrolliert?", fragt er. „Morgen schreibe ich eine Englischarbeit. Ich muss morgen früh fit[1] sein", meint Jutta. „Ich kann es machen", meint Mark.

[1] **fit sein** in Form sein

„Gut, ich helfe dir mit dem Herunterladen der App für die Überwachungskamera.", sagt Fabian.

„Wollen wir uns heute Nachmittag treffen? Wir brauchen ein bisschen Freizeit. Wir arbeiten zu viel als Detektive", lacht Tina.

„Ich weiß nicht ...", Jutta will für die Englischarbeit lernen, aber sie möchte auch die anderen sehen, besonders Florian.

Tina sagt: „Jutta, du bist so gut in Englisch. Du musst nicht für die Klassenarbeit lernen." „Also gut, ich komme mit. Was machen wir? Habt ihr eine Idee?", fragt Jutta.

„Ja, wir können eine Fahrradtour an der Spree machen", meint Fabian. „Ja, super! Fahrrad fahren macht Spaß!", ruft Jutta. Auch Tina und Mark finden die Idee gut. ■

Wortschatz

1 **Verbinde die Fotos mit den passenden Wörtern zum Thema *Geburtstagsparty*.**

a die Musik
b die Partylichter
c das Essen
d die Luftballons

e die Dekoration
f die Einladung
g die Getränke
h die Geburtstagstorte

Schreiben

2 **Du planst deine Geburtstagsfeier. Formuliere Sätze mit den Wörtern aus Aufgabe 1. Benutze die Verben *brauchen*, *kaufen* oder *organisieren*.**

Ich brauche Einladungen für die Party.

1 ....
2 ....
3 ....
4 ....
5 ....
6 ....
7 ....

3 **Lies zuerst den Text und dann die Sätze. Was ist richtig (R), was ist falsch (F)? Markiere.**

Ich heiße Birgit und ich werde bald 16 Jahre alt. Ich habe zwei Geschwister: Peter und Hanna. Peter ist schon 18, aber Hanna ist erst fünf Jahre alt. Nächstes Jahr kommt sie in die Schule. Wir haben einen Hund und eine Katze. Meine Mutter arbeitet als Ärztin und mein Vater ist Lehrer. Mein Bruder und ich besuchen die gleiche Schule. Wir müssen morgens mit dem Schulbus fahren.
Nachmittags kommen wir gegen 14 Uhr nach Hause, essen zusammen mit unserem Vater und machen dann unsere Hausaufgaben. Meine Mutter kommt erst spät von der Arbeit nach Hause, aber sie arbeitet nur drei Tage in der Woche. Montags und donnerstags spiele ich nachmittags Basketball. Das macht mir großen Spaß! Meine kleine Schwester will auch Basketball spielen, aber sie ist noch zu klein.

Birgit hat keine Geschwister.	R	~~F~~

Birgit

1	ist 15 Jahre alt.	R	F
2	hat eine Schwester und einen Bruder.	R	F
3	hat zwei Haustiere.	R	F

Ihre Eltern

4	arbeiten beide.	R	F
5	kommen erst abends nach Haus.	R	F
6	bringen Birgit und ihren Bruder morgens zur Schule.	R	F

Nachmittags

7	spielt Birgit gern Volleyball.	R	F
8	macht sie Hausaufgaben.	R	F
9	spielt sie mit ihrer kleinen Schwester.	R	F

Kapitel 4

EIS ESSEN IM PARK

▶ 5　In dieser Nacht bleibt Mark wach und kontrolliert auf seinem Handy die Überwachungskamera. Wieder passiert[1] nichts. Es sind keine Diebe zu sehen. Müde geht Mark am nächsten Morgen in die Schule.

In der Pause sehen sich die vier Freunde. „Gibt es Neuigkeiten[2]?", fragt Fabian. „Nein, es gibt nichts Neues", antwortet er. „Vielleicht müssen wir auch tagsüber[3] das Museum kontrollieren. Die Diebe können auch am Tag stehlen", meint Jutta. „Das glaube ich nicht", sagt Tina.

„Morgens können wir die Aufnahmen[4] der Überwachungskameras nicht sehen. Wir sind ja in der Schule. Ich kann es aber heute Nachmittag machen. Kannst du mir mit der App helfen, Fabian?", fragt Jutta. Fabian lacht: „Klar, gerne!"

Nach dem Unterricht treffen sich Fabian und Jutta. Fabian installiert die App auf Juttas Handy

---

[1] **passieren** ‚Es passiert nichts' bedeutet: Keiner macht etwas

[2] **e Neuigkeit, en** etwas Neues

[3] **tagsüber** am Tag, nicht in der Nacht

[4] **e Aufnahme, n** hier: Video

40

und er erklärt ihr, wie sie funktioniert. ‚Fabian ist wirklich nett[1]‘, denkt Jutta. Leider muss er sofort wieder gehen. Er hat am Nachmittag Fußballtraining.

Jutta bleibt an diesem Nachmittag zu Hause. Sie legt sich auf ihr Bett, hört Musik und sieht auf ihr Handy. Man kann die Straße vor dem Museum gut sehen.

Sie muss die ganze Zeit an Fabian denken...

Plötzlich sieht sie ein Auto. Es ist der blaue Bulli! Er parkt vor dem Museum und zwei Männer steigen aus. ‚Die kenne ich! Das sind die Männer vom Wannsee‘, denkt Jutta. Sie kann sehen, wie die Männer ins Museum gehen. ‚Was machen sie im Museum? Ein Kunstwerk stehlen? Nein, das ist unmöglich[2] ...‘, überlegt[3] sie.

Nach einer halben Stunde kommen sie aus dem Museum, steigen in den Bulli und fahren weg. Jutta schreibt ihren Freunden eine Nachricht mit

[1] **nett** sympathisch
[2] **unmöglich** nicht möglich
[3] **überlegen** nachdenken

dem Handy. Sie informiert sie über die Neuigkeit. Tina schreibt zurück:

> Sie sind ins Museum gegangen, haben aber nichts gestohlen. Warum?

Auch Fabian und Mark haben keine Antwort.

Jutta geht in die Küche, denn sie hat Durst und möchte etwas trinken. Dort sitzt ihr Vater am Tisch. Er trinkt gerade[1] einen Kaffee.

„ Bleibst du bei diesem schönen Wetter zu Hause?", fragt er seine Tochter und lacht.

„Vielleicht treffe ich mich gleich noch mit Freunden", antwortet Jutta. „Sucht die Polizei die Diebe immer noch?", will Jutta von ihrem Vater wissen. „Ja, leider können sie sie nicht finden. Es gibt keine Spuren", sagt der Vater.

„ Es gibt doch Alarmanlagen[2] und Überwachungskameras im Museum, oder?", fragt Jutta. „Natürlich. Aber vom Diebstahl gibt

---

[1] **gerade** hier: im Moment

[2] **e Alarmanlage, n** gibt bei Diebstählen Alarm

es keine Aufnahmen und es gab keinen Alarm ...", meint der Vater. „Das ist komisch ...", findet Jutta. „Ich verstehe das auch nicht", sagt der Vater.

Jutta geht wieder ihn ihr Zimmer und schreibt eine Nachricht an ihre Freunde:

> Wer hat Zeit? Wir können uns in der Stadt treffen und ein Eis essen ...?

Als erster antwortet Mark. Er ist müde und will schlafen. Tina hat keine Zeit, sie muss zum Basketballtraining gehen. Fabian antwortet:

> Ich habe jetzt Zeit und ich komme gerne mit in die Stadt!

Jutta freut sich. Allein mit Fabian ein Eis essen!

Sie ist aber auch etwas aufgeregt. Schnell zieht sie sich um und schminkt sich.

„Ich gehe noch in die Stadt. Tschüss!", ruft sie

und geht aus dem Haus. „Gut. Wir sehen uns zum Abendessen!", antwortet der Vater.

Fabian und Jutta treffen sich vor der Eisdiele[1] *Firenze*. Dort gibt es sehr leckeres[2] Eis.

Jutta erzählt Fabian vom Museum: „Es gibt dort viele Überwachungskameras und Alarmanlagen. Mein Vater weiß es, denn er arbeitet dort. Er versteht nicht, warum es keine Spuren von den Dieben gibt." „Jemand aus dem Museum hilft den Dieben ...", sagt Fabian.

„Richtig! Sie kennen jemanden[3] im Museum", ruft Jutta und denkt an den Bulli vor dem Museum.

„So, jetzt reden wir nicht mehr über den Diebstahl!", Fabian lacht und sie gehen zusammen in die Eisdiele.

Sie kommen mit einem großen Eis in der Hand heraus. Jutta fragt: „Gehen wir im Park spazieren?" Fabian nickt[4]. Dann nimmt er ihre Hand. Jutta lächelt[5] ihn an. Sie ist sehr glücklich!

---

[1] **e Eisdiele, n** Eiscafé
[2] **lecker** hier: gut
[3] **jemand (nur Sig.)** eine Person

[4] **nicken** mit dem Kopf „ja" sagen
[5] **anlächeln** eine Person anschauen und lächeln

Wortschatz

1 **Du gehst in eine Eisdiele und siehst ein Schild mit den Eissorten.**
Schreibe die Sorten unten in die Tabelle.

Finde das Lösungswort mit den markierten Buchstaben.

Das Eis ist _L_ __ __ __ __ __

Grammatik

2 Verneine die Sätze mit *kein/e* oder *nicht*.

Ich mag Haustiere. *Ich mag keine Haustiere.*

Er ist nett. *Er ist nicht nett.*

a Ich mag Eis. ....

b Sie hat heute Nachmittag Zeit. ....
....

c Wir können die Aufnahmen sehen. ....
....

d Sie sieht ein Auto. ....

Goethe-Zertifikat A1: Schreiben

3 Tina bekommt eine E-Mail. Lies sie.

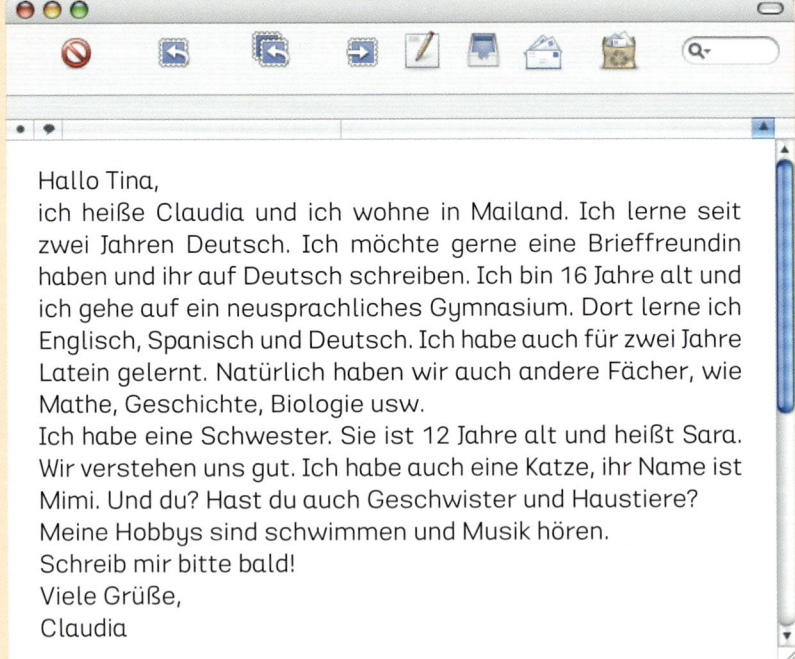

Hallo Tina,

ich heiße Claudia und ich wohne in Mailand. Ich lerne seit zwei Jahren Deutsch. Ich möchte gerne eine Brieffreundin haben und ihr auf Deutsch schreiben. Ich bin 16 Jahre alt und ich gehe auf ein neusprachliches Gymnasium. Dort lerne ich Englisch, Spanisch und Deutsch. Ich habe auch für zwei Jahre Latein gelernt. Natürlich haben wir auch andere Fächer, wie Mathe, Geschichte, Biologie usw.

Ich habe eine Schwester. Sie ist 12 Jahre alt und heißt Sara. Wir verstehen uns gut. Ich habe auch eine Katze, ihr Name ist Mimi. Und du? Hast du auch Geschwister und Haustiere?

Meine Hobbys sind schwimmen und Musik hören.

Schreib mir bitte bald!

Viele Grüße,

Claudia

Du bist Tina und antwortest Claudia. Schreib eine E-Mail mit den Sätzen unten. Bring die Sätze in eine logische Reihenfolge.

Leider habe ich keine Geschwister. • In meiner Freizeit spiele ich Basketball. • danke für deine E-Mail. • Die Hunde heißen Max und Leo und unsere Katze heißt Nera. • Ich wohne in Berlin. • Bis bald, Tina • Dein Deutsch ist super und ich schreibe dir gern! • Ich habe zweimal in der Woche Training und am Wochenende sind oft Turniere. • Haustiere habe ich aber viele: Fische, zwei Hunde und eine Katze. • Liebe Claudia, • Ich besuche auch ein Gymnasium, aber ich lerne nur zwei Sprachen: Englisch und Französisch.

Liebe Claudia,
danke für deine E-Mail. ....
....
....
....
....
....
....
....
....
....
....
....

Kapitel 5

WIEDER DIEBE IM MUSEUM!

▶ 6 Am nächsten Morgen treffen sich Fabian und Jutta auf dem Schulhof. Fabian sieht Jutta und lacht. Sie denkt: ‚Vielleicht ist er auch in mich verliebt …?‘

Dann kommen Mark und Tina und begrüßen die beiden. Tina fragt: „Wie ist unser Plan? Wir können doch nicht jeden Tag und jede Nacht den Eingang des Museums kontrollieren. Bald sind Schulferien und ich fahre mit meinen Eltern in den Urlaub." „Stimmt. Wir können nicht für immer Detektive spielen", meint Mark. „Vielleicht stehlen die Diebe nichts mehr. Sie haben schon den *grünen Kopf*", glaubt Tina. „Das glaube ich nicht. Sie wollen warten, denn im Moment ist die Polizei sehr aktiv. Wir müssen sie weiter kontrollieren", sagt Jutta.

Abends sitzt Jutta mit ihren Eltern in der Küche beim Abendbrot. Ihre Mutter sagt: „Jutta, morgen

Abend ist die Geburtstagsfeier." Ihr Vater meint:
„Du kommst bitte mit, ja?" Jutta nickt.

Sie schreibt sofort eine Nachricht an ihre Freunde:

Morgen feiert der Direktor seinen Geburtstag.
Auch die Nachtwachen des Museums sind dort.
Der perfekte Moment für die Diebe!

Am nächsten Morgen treffen sich die vier Freunde
in der Pause wieder auf dem Schulhof. „Heute
Abend gehen wir alle zum Museum und warten
auf die Diebe!", sagt Fabian. „Ich bin auf der
Geburtstagsfeier des Direktors. Mein Vater meint,
ich muss mitkommen", erklärt Jutta.

Um Punkt sechs treffen sich Mark, Tina und Fabian
vor dem Ägyptischen Museum. Die Öffnungszeit
ist zu Ende und nach und nach gehen die letzten
Besucher heraus. Dann kommen auch die
Mitarbeiter.

„Sie gehen jetzt direkt zum Geburtstagsfest", meint Mark.

Jutta und ihre Eltern sind im Restaurant. Beim Direktor stehen viele Personen. Alle wollen ihm zum Geburtstag gratulieren. „Herzlichen Glückwunsch, Herr Direktor", sagt Jutta und gibt ihm die Hand. „Danke!", sagt der Direktor. Dann sieht sie sein Gesicht. Es ist der alte Mann! Der Direktor ist einer der Diebe!

Schnell verabschiedet sich Jutta, geht aus dem Restaurant und schreibt eine Nachricht an ihre Freunde:

> Der Direktor ist einer der Diebe! Er ist der alte Mann! Was machen wir jetzt?

Fabian sieht als erster die Nachricht und antwortet:

> Bleib ruhig! Wir sind am Museum.

Dann öffnet sich die Tür des Museums. Ein Mann kommt heraus. „Ist das ein Dieb?", fragt Tina. „Nein, es ist eine Nachtwache", antwortet Mark. „Der Mann trägt die Uniform[1] der Nachtwachen, aber ich glaube, er ist ein Dieb!", sagt Fabian.

Der Mann geht zu einem Parkplatz. Er steigt in den blauen Bulli und fährt zum Museumseingang. Dort parkt er und geht zurück ins Museum.

Tina ruft: „Wir müssen die Polizei alarmieren! Sie stehlen ein Kunstwerk aus dem Museum!" „Ja, ich informiere die Polizei!", sagt Fabian und nimmt sein Handy.

Einige Zeit später kommen zwei Männer in Uniform aus dem Museum. Einer trägt etwas im Arm. Was kann das sein? Die Männer öffnen die Autotür.

Im gleichen Moment kommt ein Auto mit Blaulicht. Es ist die Kriminalpolizei. „Endlich!", ruft Mark. Die Polizisten rennen zum Bulli und rufen: „Hände hoch!Polizei!"

[1] **e Uniform, en** Personen mit bestimmten Berufen tragen Uniformen (z.B. Verkehrspolizisten, Soldaten)

Fabian, Mark und Tina gehen zum Bulli. Jetzt sehen sie die Männer. Es sind keine Nachtwachen, sondern die Diebe des *Grünen Kopfes*! Im Bulli ist die *Nofretete*!

Dann kommt noch ein Auto. Es sind der Museumsdirektor, Jutta und ihr Vater. Der Direktor fragt die Polizisten: „Noch ein Diebstahl im Museum?"

Jutta zeigt auf den Direktor: „Ja, und das ist der dritte Dieb. Die anderen beiden sind seine Helfer."

Dann erzählen die vier Freunde den Polizisten und Juttas Vater die ganze Geschichte.

„Ihr seid gute Detekive!", sagen die Polizisten. Juttas Vater meint: „Ja, ihr seid ein tolles Team! Und du, Jutta, darfst ab jetzt abends mit deinen Freunden ausgehen."

„Danke, Papa!", ruft Jutta und gibt ihrem Vater einen Kuss.

Wortschatz

1 **Schreibe eine Einladung. Setze die passenden Wörter ein.**

> Handy • Um • ruf • Buffet • Wo • Freunde • alt
> Geburtstag • Juni • feiern • Kuchen • 16

Einladung zu meinem ....!
Am 17. .... werde ich .... Jahre .... und
ich möchte mit dir .... Wann?: ....
20 Uhr. ....?: im Café Madrid. Es gibt ein
.... mit ...., Pizza und Salaten.
Du kannst deine .... mitbringen.
Kommst du? Bitte .... mich an.
Meine ....- Nummer
ist: 0179 897652543.

2 Arbeite mit einem Partner/einer Partnerin. Bilde sechs Fragen <u>mit</u> den Wörtern unten (*W-Fragen* mit Fragewort <u>oder</u> *Ja-Nein-Fragen*). Dein(e) Partner(in) antwortet. Dann stellt dein(e) Partner(in) sechs Fragen und du antwortest. (Antwortet mit einem oder zwei kurzen Sätzen.)

fernsehen

Ja-Nein-Frage:
Person A: „Siehst du jeden Tag fern"?
Person B: „Nein, ich sehe nur am Wochenende fern."

oder:
W-Frage:
Person A: „Wie oft siehst du fern"?
Person B: „Ich sehe nicht oft fern. Ich sehe nur am Wochenende fern."

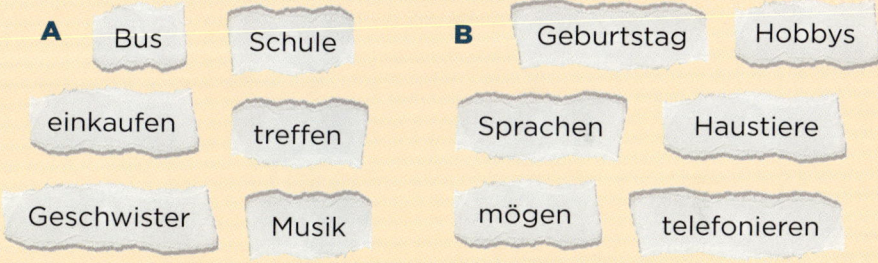

A Bus Schule einkaufen treffen Geschwister Musik

B Geburtstag Hobbys Sprachen Haustiere mögen telefonieren

Lesen

3 Sind die Sätze richtig (R) oder falsch (F)? Kreuze an.

1 Juttas Vater feiert seinen Geburtstag. **R F**
2 Jutta kennt den Direktor des Museums nicht. **R F**
3 Die vier Freunde alarmieren die Polizei. **R F**

Museen in Berlin

Berlin hat unzählige[1] Museen.
Die *Museumsinsel* im Berliner Zentrum ist ein sehr großer Museumskomplex und gehört zum UNESCO-Weltkulturerbe. Man findet dort das Pergamonmuseum, Bode-Museum, Neue Museum, die Alte Nationalgalerie und das Alte Museum.

Das Pergamonmuseum hat etwa eine Million Besucher pro Jahr. Dort kann man weltberühmte Kunstwerke, wie den Pergamonaltar, das Markttor von Milet und das Ischtar-Tor sehen.
Das Tor war um 600 vor Christus eines der Stadttore von Babylon.

Wer sich für neuere Geschichte interessiert, kann das **Anne Frank Zentrum** in Berlin-Mitte besuchen. In diesem Museum bekommt man Informationen über das Leben des Mädchens und lernt viel über den Holocaust und die Zeit des Nationalsozialismus in Deutschland.

Die Geschichte der Berliner Mauer ist das Thema im **The Wall Museum**. Es ist in der Nähe[1] der **East Side Gallery**, einem Originalstück der Mauer. Im Museum gibt es viele Erklärungen zu der Zeit vom Bau[2] bis zum Fall der Mauer.

Ein neues Museum ist das **Futurium** im Regierungsviertel. Man kann sehen, wie wir vielleicht in der Zukunft wohnen, arbeiten und essen. In einem Labor kann man Vieles ausprobieren[3], wie zum Beispiel einen 3D – Drucker[4] oder man kann Insekten kochen.

[1] **in der Nähe** nicht weit
[2] **r Bau (nur Sing.)** Konstruktion

[3] **ausprobieren** testen
[4] **r Drucker, –** macht Kopien

Nofretete

Die *Nofretete* ist ein sehr bekanntes altägyptisches Kunstwerk. Der Frauenkopf ist über 3.300 Jahre alt und man kann ihn im *Neuen Museum* auf der *Berliner Museumsinsel* sehen. Nofretete bedeutet auf Deutsch: „Die Schöne ist gekommen." Sie war die Frau des ägyptischen Königs Echnaton. Er hat 16 Jahre lang regiert.

Eine Gruppe von deutschen Wissenschaftlern hat die Statue 1912 in Amarna (Mittelägypten) gefunden. Die Farben waren wie neu und die Bemalung ist bis heute original! Nofretete ist geschminkt und sie ist auch für uns immer noch eine ideale Schönheit. Die Medien nennen die berühmte[1] Frau „die bekannteste und schönste Berlinerin." Die Wissenschaftler verstehen bis heute nicht, warum das linke Auge fehlt. Vielleicht ist es herausgefallen oder Nofretete war blind[2]?

Erst 12 Jahre nach dem Fund, im Jahr 1924, gab es eine öffentliche[3] Präsentation der Büste[4]. Ein Jahr später,1925, hat man die erste Kopie der Nofretete gemacht. Heute gibt viele Duplikate[5]. Das Original ist sehr wertvoll - Nofretete ist mindestens[6] 300 Millionen Euro wert!

Ein weiteres Highlight im Ägyptischen Museum in Berlin ist der *grüne Kopf*. Wie der Name sagt, ist die Büste grün. Sie ist nicht so alt wie die Nofretete - etwa 2500 Jahre. Der Kopf kommt auch aus Ägypten, hat aber griechische Einflüsse[7].

[1] **berühmt** sehr bekannt
[2] **blind sein** nicht sehen können
[3] **öffentlich** für alle
[4] **e Büste, n** Statue von einem Kopf

[5] **s Duplikat, e** Kopie
[6] **mindestens** wenigstens
[7] **r Einfluss, "e** hier: Elemente

Der Wannsee

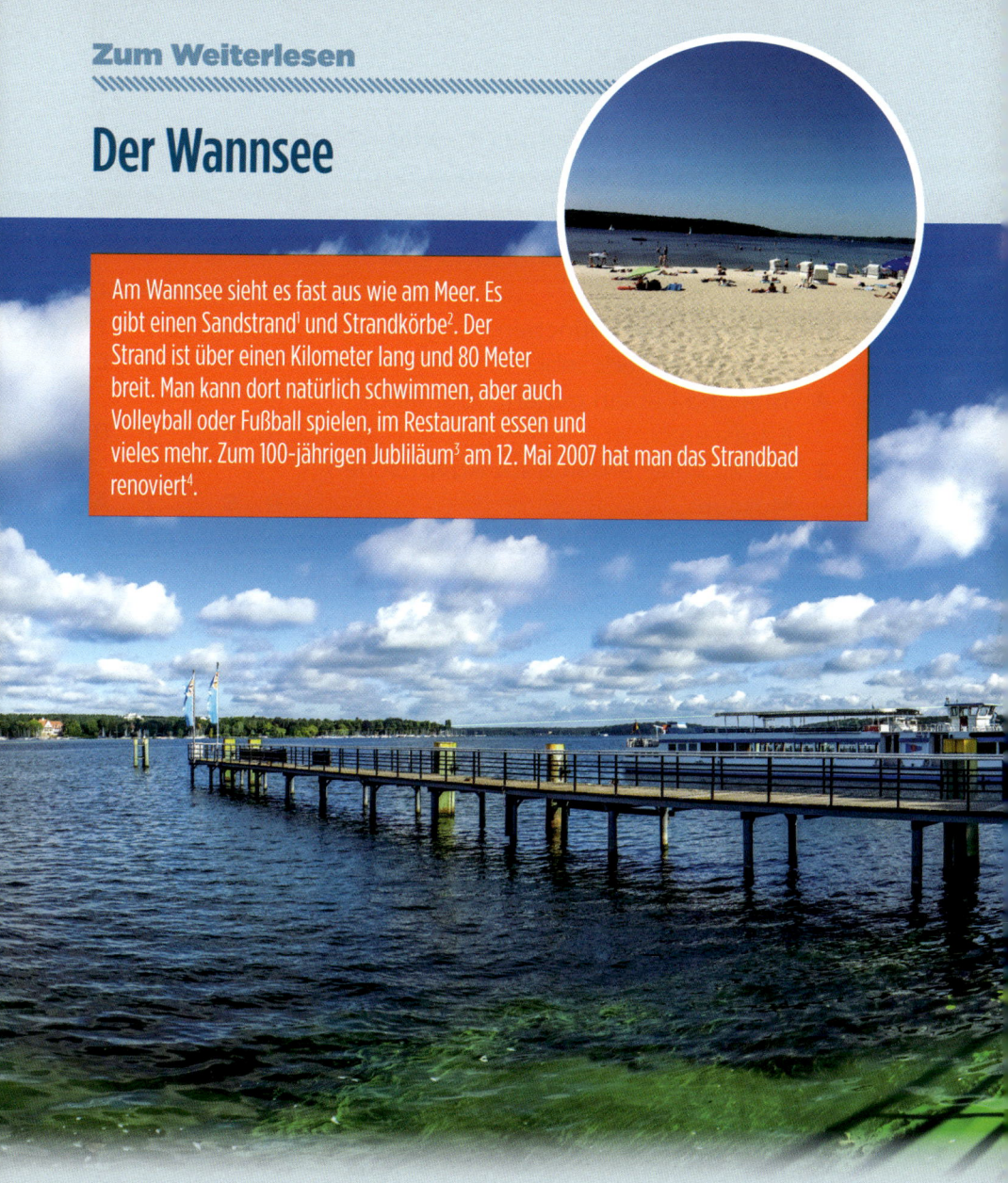

Am Wannsee sieht es fast aus wie am Meer. Es gibt einen Sandstrand[1] und Strandkörbe[2]. Der Strand ist über einen Kilometer lang und 80 Meter breit. Man kann dort natürlich schwimmen, aber auch Volleyball oder Fußball spielen, im Restaurant essen und vieles mehr. Zum 100-jährigen Jubliläum[3] am 12. Mai 2007 hat man das Strandbad renoviert[4].

[1] r Sandstrand, "e viele Menschen liegen im Sommer am Strand in der Sonne

[2] r Strandkorb, "e

[3] s Jubiläum, Jubiläen hier: Geburtstag

[4] renovieren neu machen, reparieren

Teste dich selbst!

1 **Sind die Aussagen richtig (R) oder falsch (F)? Kreuze an und schreibe den passenden Buchstaben unten in die freien Felder. Wie heißt das Lösungswort?**

1	Mark, Fabian, Tina und Jutta sind Freunde.	R	~~D~~	F	I
2	Sie wohnen in München.	R	**O**	F	I
3	Jutta mag Mark sehr.	R	**F**	F	**E**
4	Tina und Fabian gehen zusammen Eis essen.	R	**M**	F	**B**
5	Juttas Vater arbeitet im Ägyptischen Museum.	R	**S**	F	**A**
6	Nachts gibt es im Museum keine Nachtwachen.	R	**K**	F	**T**
7	Die Diebe stehlen zuerst die Nofrete.	R	**F**	F	**A**
8	Der Museumsdirektor ist einer der Diebe.	R	**H**	F	**E**
9	Am Ende kommt die Kriminalpolizei.	R	**L**	F	**A**

Lösungswort _D_ __ __ __ __ __ __ __ __

2 **Finde die Wörter!**

D A N G U E I L
Er bekommt eine ...._Einladung_.... .

1 O Z E K N R T
Jutta darf nicht zum .... gehen.

2 N E S U P R
Die Polizei findet keine ....

3 E D I B E
Die .... stehlen die Statuen.

4 U M S E U M
Im .... gibt es viele Kunstwerke.

5 S U S K
Am Ende gibt Jutta ihrem Vater einen ....

Syllabus

Themen
Kriminalität, Freundschaft, Liebe, Berlin

Sprachhandlungen
Sprechen: Fragen und Antworten formulieren, im Café bestellen
Schreiben: E-Mail
Lesen: Anzeige und Beschreibung

Grammatik
Verbkonjugation
trennbare Verben
Verneinung mit *kein* und *nicht*
Fragen (mit Fragewörtern und Ja-/Nein-Fragen)